ANALISI DEL LIBRO

AF153923

Il rosso e il nero

. . . .

STENDHAL

ANALISI DEL LIBRO

Scritto da Vincent Jooris
Tradotto da Sara Rossi

Il rosso e il nero

• •

Stendhal

STENDHAL

SCRITTORE E CRITICO D'ARTE FRANCESE

- **Nato nel 1783 a Grenoble**
- **Morto nel 1842 a Parigi**
- **Lavori degni di nota:**
  - *Vanina Vanina* (1829), racconto breve
  - *Il rosso e il nero* (1830), romanzo
  - *La Certosa di Parma* (1839), romanzo

Stendhal, il cui vero nome era Henri Beyle, nacque a Grenoble nel 1783 da una famiglia borghese. A Parigi, sotto il Direttorio, si appassiona ai dibattiti che acuiscono il suo spirito critico. Scopre l'Italia e la Germania durante le campagne militari dell'esercito di Bonaparte. Dopo il 1815, diventa critico d'arte a Milano e scrive opere turistiche che firma con il suo pseudonimo. Dal 1830 Luigi Filippo lo nomina console francese a Trieste e poi a Civitavecchia. Qui completò i suoi romanzi più famosi (*Il rosso e il nero* (1830), *La Certosa di Parma* (1839)) e un'autobiografia (*La vita di Enrico Brulard* (1835-1836)). Un ictus lo riporta a Parigi nel 1841. Morì l'anno successivo, lasciando diversi manoscritti incompleti.

IL ROSSO E IL NERO

LO STRAORDINARIO DESTINO DI JULIEN SOREL

- **Genere:** romanzo

- **Edizione di riferimento:** Stendhal (2004) *Il rosso e il nero.* Trans. Raffel, B. New York: Modern Library Classics.

- **1ª edizione:** 1830

- **Temi:** amore, ambizione, iniziazione, disillusione, adulterio, gioventù, classi sociali

Il rosso e il nero fu pubblicato nel novembre del 1830, ma all'epoca non ottenne lo stesso successo di oggi.

La storia si svolge tra il 1826 e il 1830 e racconta principalmente la relazione sentimentale tra Julien Sorel, un giovane seminarista, e Madame de Rênal, una signora anziana il cui marito non la capisce.

Il titolo del libro è stato oggetto di diverse interpretazioni. Per alcuni simboleggia l'uniforme militare (che Julien sognava di indossare) e la tonaca da sacerdote (Julien alla fine si dedica alla carriera ecclesiastica). Altri vedono il nero come ipocrisia, mentre Julien preferisce il rosso del sacrificio. Altri ancora collegano il titolo ai colori utilizzati nei giochi d'azzardo (come la roulette o le carte) o nei partiti politici.

SINTESI

PRIMA PARTE

Capitoli 1-7

Verrières è un piccolo villaggio immaginario della Franca Contea. Julien Sorel è il terzogenito di un falegname. Poiché la sete di istruzione del bambino provoca il disprezzo del padre, padre Chélan lo prende sotto la sua ala: Julien recita con lui il Nuovo Testamento, mentre è segretamente affascinato dalla vita di Napoleone Bonaparte.

Su raccomandazione del sacerdote, Monsieur de Rênal assume Sorel come precettore dei suoi figli. Il giovane timido si inserisce così nel mondo della borghesia di provincia. Madame de Rênal mostra un innocente interesse per lui.

Capitoli 8-17

Quando Elisa, cameriera dei de Rênal, riceve un'eredità, punta a sposare Julien, ma lui rifiuta. Sollevata, la signora de Rênal è sorpresa dai suoi sentimenti verso il precettore.

Nel castello della famiglia Vergy, Julien inizia a sedurre la signora de Rênal. Progredisce lentamente fino a quando, nonostante la sua goffaggine, riesce ad entrare nella sua camera da letto. La signora de Rênal oscilla tra il senso di colpa e la dimostrazione di affetto. Per Julien, la sua calcolata freddezza lascia finalmente il posto ai veri sentimenti.

Capitoli 18-23

Un re senza nome arriva a Verrières. Grazie a Madame de Rênal, Julien funge da guardia cerimoniale per l'occasione, il che solleva dei sospetti. Sorel assiste alla processione cerimoniale del vescovo di Agde, che rilancia le sue ambizioni ecclesiastiche.

Il figlio minore dei de Rênal si ammala e questo risveglia il senso di colpa della madre. Le voci sulla sua relazione volano e Monsieur de Rênal riceve una lettera anonima che lo mette in guardia. Con una lettera falsa, la donna riesce a sedare provvisoriamente i dubbi del marito.

Julien cena a casa dei Valenod. I Valenod hanno una rivalità con i de Rênal per il controllo di Verrières.

Avvertito da Elisa dell'adulterio di Julien, padre Chélan gli impone di lasciare Verrières per il seminario di Besançon. Julien accetta di partire, ma promette alla signora de Rênal che tornerà a trovarla regolarmente.

Capitoli 24-28

In una locanda di Besançon, Julien incontra Amanda Binet. In seminario, padre Pirard mette alla prova Julien con un lungo colloquio durante il quale Sorel sviene. Il giovane diventa il bersaglio dei suoi compagni di classe invidiosi. Padre Frilair lo sorprende durante gli esami.

Capitoli 29-30

Su consiglio di padre Pirard, il marchese de La Mole assume Julien come suo segretario. Una notte, il giovane torna a Verrières per rivedere la signora de Rênal. Lei lo nasconde, ma la notte successiva è costretto a fuggire, inseguito dagli spari di Monsieur de Rênal.

PARTE SECONDA

Capitoli 1-6

Julien si reca a Parigi a casa del marchese de la Mole. La figlia del marchese, Mathilde, irrita molto Sorel. A causa di un malinteso, Julien sfida un cavaliere a duello e, per proteggere il suo onore, il cavaliere fa credere a Julien di essere il figlio biologico del marchese.

Capitoli 7-20

Monsieur Valenod diventa il nuovo sindaco di Verrières. Il marchese della Mole, già molto cortese, diventa ancora più amichevole con Julien. Mathilde, fidanzata con il marchese di Croisenois (uno dei suoi numerosi pretendenti), immagina la vita noiosa che la attende.

All'hotel Retz si svolge un ballo. Mathilde è attratta dalle dichiarazioni politiche di Julien, apprezzando la sua originalità. I due giovani adulti discutono a lungo. Julien le dà un'idea delle sue convinzioni rivoluzionarie. Mathilde si innamora del giovane, ma lui non si fida di lei. Mathilde gli scrive per organizzare un incontro. Lui è titubante, ma va e lei lo conquista.

Sembra più un amore pianificato che un amore passionale. La coppia alterna litigi e riconciliazioni, felicità e delusioni.

Capitoli 21-28

Il marchese de la Mole affida a Julien una missione: fare da segretario durante una riunione di cospiratori aristocratici realisti e poi inviare un rapporto a Strasburgo. Quando arriva a Strasburgo, ascolta i consigli romantici del principe Korasoff. Al ritorno a Parigi, Sorel corteggia e parla con la "preda" prescelta: la Marachale di Fervaques. Riscrive le lettere d'amore che Korasoff gli aveva dato come esempio. Durante una cena a casa della Marechale de Fervaques, Julien incontra Mathilde, di cui si era quasi dimenticato. Vedendolo corteggiare la Marechale, Mathilde si innamora di nuovo di lui.

Capitoli 29-34

Mathilde incontra Julien. Quando scopre il suo giochetto epistolare con la Marechale de Fervaques, si infastidisce e poi si rammarica per aver fatto soffrire Julien a causa del suo orgoglio. Sorel fa finta di niente e poi conquista nuovamente Mathilde.

Mathilde comunica al padre di essere incinta; il marchese si infuria e Julien fugge. Alla fine, il marchese della Mole decide di prendere in mano la situazione: nobilita Sorel e gli concede la carica di tenente degli ussari. Il giovane festeggia, ma il marchese evita ancora di sollevare la questione del matrimonio.

Capitolo 35

Il confessore della signora de Rênal la incoraggia a inviare una lettera al marchese, in cui denuncia i desideri immorali di Julien. Ogni possibilità di matrimonio tra lui e Mathilde viene quindi annullata. In preda alla rabbia, Sorel si precipita a Verrières. Nel bel mezzo della messa, spara due volte a Madame de Rênal e viene arrestato.

Capitoli 36-45

Mentre è imprigionato a Besançon, viene a sapere che la signora de Rênal è sopravvissuta. Paradossalmente, Julien la ama ancora di più quando lo viene a sapere e si pente di aver tentato di ucciderla.

Riflette anche sul futuro di Mathilde e di suo figlio; le dice di sposare Croisenois. Mathilde cerca di salvarlo con vari mezzi; soprattutto si rivolge a padre Frilair, che le assicura di poter influenzare la giuria e i pubblici ministeri; in cambio vuole diventare vescovo. Padre Chélan e Fouqué fanno visita a Julien, che però rifiuta di vedere il padre. Anche la signora de Rênal scrive alla giuria, chiedendo di essere clemente.

Julien non è più ambizioso. Trascura la sua difesa e la sua arringa è solo un'accusa alla classe borghese. Il tribunale lo condanna a morte.

Mathilde vuole che faccia appello, ma lui si rifiuta; quando Madame de Rênal glielo chiede, accetta. Mathilde è depressa. Sorel accetta finalmente di vedere suo padre. Julien rifiuta che Madame de Rênal chieda la grazia al re. Affronta risolutamente la morte e viene giustiziato.

Mathilde seppellisce la testa di Julien. La signora de Rênal muore tre giorni dopo.

STUDIO DEL CARATTERE

JULIEN SOREL

All'inizio del romanzo, Julien ha 19 anni e alla fine, nel 1830, ha 23 anni. È orfano di madre, ha un padre che lo disprezza ed è il capro espiatorio dei suoi fratelli. È un giovane desideroso di imparare, che vive con una famiglia che non lo capisce e che odia. È diffidente e vede ovunque derisioni e prese in giro: "era un uomo miserabile in guerra con tutta la società" (Parte 2, Capitolo 13).

Il suo aspetto fisico dà l'impressione di una fragilità giovanile, nonostante la sobrietà del suo sguardo: "con suo profondo piacere, aveva visto il timido contegno di una ragazza in questo fatidico precettore, anche se, a detta dei suoi figli, aveva temuto la sua dura scontrosità" (Parte 1, Capitolo 6).

In questo mondo ostile, Julien risponde con ipocrisia. Ma, nonostante la maschera che indossa, non riesce a nascondere costantemente la sua vera personalità. Questo mette a disagio i suoi interlocutori, che possono vedere esplicitamente il suo disprezzo per la volgarità e la sua ambizione: "vedo in te qualcosa che offende l'anima grossolana. Gelosia e calunnia ti perseguiteranno. Dove la Provvidenza ti collocherà, i tuoi colleghi non ti vedranno mai senza odiarti" (Parte 1, Capitolo 29).

Il narratore usa spesso l'espressione "il nostro eroe" per descriverlo e interviene per sostenere la sua causa o semplicemente per esprimere la sua opinione. Il narratore esprime qua e là i suoi pensieri privati, come "che pena per il nostro zotico di campagna" (Parte 1, Capitolo 24).

Inoltre, il narratore mantiene la collusione tra il lettore e Sorel rivelando i pensieri interni di quest'ultimo. Questi monologhi sono particolarmente adatti a un eroe solitario che nasconde tutto, sia le sue intenzioni che la sua vulnerabilità. Attraverso questo stesso processo, il narratore nota anche il crescente amore di Madame de Rênal, prima ancora che lei stessa ne sia consapevole, e trascrive le svolte passionali di Mathilde.

MADAME DE RÊNAL

La sua educazione religiosa e il suo matrimonio all'età di 16 anni le hanno fatto perdere molte esperienze di vita. Emotiva, ingenua e riservata, non si rende conto di essere annoiata dal marito. Pertanto, l'educazione dei suoi tre figli è la sua priorità principale.

> *"Era una donna alta e ben fatta, che era stata la bellezza locale, come si dice in queste montagne. C'era una spiccata schiettezza in lei, e nella primavera giovanile della sua camminata: in effetti, agli occhi di un parigino questo fascino incontaminato, tanto innocente quanto vivace, screbbe potuto sembrare persino suggestivo di una dolce sensualità… In vita sua non era mai stata tentata né dal flirt né da alcun tipo di comportamento affettivo" (Parte 1, Capitolo 3).*

Nella seconda parte, Julien litiga spesso con Mathilde. La signora de Rênal interpreta la donna che lo consola e lo perdona.

MATHILDE

Mentre la prima parte del romanzo si concentra sulla relazione tra Julien e Madame de Rênal, Mathilde de la Mole interviene nella seconda parte. È arrogante e guarda con sarcasmo al comportamento di coloro che le danno fastidio. Mentre considera i suoi pretendenti, vediamo che: "non pensava che queste persone fossero state create per capirla; se si fosse trattato di comprare una carrozza o una proprietà, le avrebbe consultate" (Parte 2, Capitolo 14).

Carattere energico ed esigente, ammira l'eroismo e l'azione, cosa che la fa innamorare di Julien. All'inizio Sorel non è interessato a lei a causa della sua ipocrisia e arroganza.

> *"Julien credeva che la signorina de La Mole possedesse la natura connivente di Machiavelli. Una posa di tale malvagità era, ai suoi occhi, piuttosto affascinante, quasi l'unico fascino morale di cui godeva. La noia, generata dall'ipocrisia e da tutti i suoi discorsi virtuosi, lo spingeva a giudizi così smodati. Era la sua immaginazione che eccitava, invece di lasciarsi trascinare dall'amore" (Parte 2, Capitolo 12).*

> *"Ho imparato ad amare questo mostro orgoglioso" (Parte 2, Capitolo 35).*

Risulta essere il doppio femminile di Julien. I due si vedono come uguali o come rivali, il che spiega il loro movimento tra attrazione e repulsione e il loro comportamento contraddittorio. D'altra parte, quando viene imprigionato, l'atteggiamento di Mathilde suscita il disprezzo di Julien.

PERSONAGGI SECONDARI

- Il padre di Julien, un falegname violento e avaro;

- Monsieur de Rênal, il vano sindaco di Verrières;

- I bambini Rênal, gli unici esseri umani a cui Julien mostrerà la sua sensibilità;

- Il marchese de La Mole. Sebbene Julien lo ritenga irrispettoso, si dimostra più protettivo e amichevole di Monsieur de Rênal;

- I personaggi supplementari: Elisa, Amanda Binet, Fouqué e Madame Derville. Danno spessore psicologico ai due protagonisti principali;

- I politici di Verrières: Moirod, Cholin e soprattutto i rivali dei de Rênal, i Valenod;

- Gli aristocratici;

- I membri del clero.

ANALISI

REALISMO SOGGETTIVO

Il realismo è una tendenza letteraria e artistica nata a metà del XIX secolo. Gli scrittori realisti cercavano di descrivere la realtà nel miglior modo possibile. Balzac, un importante autore realista, descriveva l'ambiente sociale in cui si evolvevano i suoi personaggi nel modo più scrupoloso e oggettivo possibile.

Pur scrivendo all'inizio del secolo, Stendhal adotta un approccio realista e dipinge un quadro preciso del contesto sociale. Per la sua trama si ispirò anche a casi giudiziari che si stavano svolgendo all'epoca, e anche questo è un metodo realista. Sia il caso di Antoine Berthet (*La Gazette des tribunaux,* dicembre 1827) che quello di Adrien Lafargue (1829), entrambi assassini delle loro amanti, servirono come materiale iniziale per la sua storia.

Tuttavia, si differenzia dai realisti per il fatto che nelle sue storie la realtà è vista solo attraverso gli occhi dei protagonisti. Infatti, ne *Il rosso e il nero,* il lettore vede il mondo solo attraverso gli occhi di Julien e sa solo ciò che lui conserva.

Inoltre, come Montesquieu (nelle *Lettere persiane)* e Voltaire (nell'*Uragano*), Stendhal getta il suo eroe in una società in cui si sente un estraneo: l'ingenuità con cui Julien vede le istituzioni diventa a sua volta una satira della società. Stendhal adotta quindi un approccio di realismo critico.

Infatti, questa "Cronaca del XIX secolo" (sottotitolo del romanzo) rappresenta la società della Restaurazione, in cui le persone si scontrano e regnano sovrane:

- La borghesia (simboleggiata dai Verrières), ricca e reazionaria.

- Il clero (Besançon), la cui ingerenza non conosce limiti.

- L'aristocrazia (Parigi), piena di privilegi.

Tuttavia, anche la nuova generazione, cresciuta durante le guerre napoleoniche e che aveva assistito al ritorno dei Borboni, desiderava gloria, ambizione e potere. Ma la prospettiva di una rapida ascesa non esisteva in questa società gerontocratica che rifiutava le nuove idee. Pertanto, Julien rappresenta l'esperienza della maggior parte dei giovani francesi di quel periodo. "Verità, amara verità" è una citazione di Danton che viene utilizzata come epigrafe della prima parte del romanzo e riassume ciò che Stendhal sta scrivendo. Egli vuole mostrare la realtà dell'epoca, quando i giovani dovevano scegliere tra l'esercito e la religione e non potevano seguire altre strade.

L'AMBIZIONE DI JULIEN

Julien Sorel vuole sfuggire dalla sua attuale condizione e sogna di salire la scala sociale. Non ha conoscenze e quindi può contare solo sulla sua intelligenza. Ma Sorel si rivolge a due persone per ispirare le sue azioni:

- Napoleone. Julien legge il *Mémorial de Sainte-Hélène* di Las Cases e conserva un ritratto dell'imperatore. Per lui, Napoleone è un modello di successo: era un giovane relativamente povero, ma era audace e ha scalato la società di sua iniziativa. Stendhal, come il suo eroe, Julien Sorel, era un bonapartista; fa riferimento a Napoleone anche ne *La Certosa di Parma*.

- Tartuffe. Il personaggio di Molière è un finto devoto; la sua finta umiltà nasconde la sua feroce ambizione.

Per farsi strada, il giovane adotta un piano basato sull'ipocrisia: non rivela mai i suoi veri sentimenti e certamente non le sue intenzioni, e le cose che fa non corrispondono ai suoi pensieri. Vede il mondo con occhi cinici. In un certo senso, questa è una difesa legittima.

Inoltre, la carriera ecclesiastica gli sembra un buon modo per scalare la gerarchia sociale. Diventando precettore dei de Rênal, mette piede nella borghesia di provincia. Poi, lavorando per il marchese, si infiltra nell'aristocrazia. Ma, in segreto, non può fare a meno di maledire il suo nuovo entourage, che rappresenta l'alta società da cui è escluso. All'uscita dalla cena dai Valenods, dopo le chiacchiere e la conversazione arida, maledice: "Ah, feccia! Feccia!" (Parte 1, Capitolo 22).

Nel suo ambizioso piano, anche le conquiste femminili sono importanti. Julien considera la seduzione come una battaglia militare e usa la stessa terminologia per descrivere le due cose. All'inizio non lascia spazio ai sentimenti. Dopo aver trascorso la notte con un'amante, l'unico piacere che prova è quello di aver portato a termine la sua missione. Avere delle remore rischierebbe di spegnere la sua passione e di distoglierlo dal suo obiettivo, quindi si rifiuta di mostrare qualsiasi sentimento. Inoltre, è Julien a creare queste regole per se stesso, ma chiarisce che se sente il bisogno di crearle è perché non è ipocrita per natura.

GLI ERRORI DI JULIEN

Se in teoria l'obiettivo di Julien sembra ben pianificato, la realtà si rivela molto diversa da quella che si aspettava. Infatti, inizia qualcosa che non può fermare e gli incidenti si susseguono uno dopo l'altro, errore dopo errore.

- Ingenuità: nel corso della storia, Julien si rivela più ingenuo di quanto volesse. Con suo grande stupore, il giovane timido scopre le brutte vicende nascoste e sottaciute dai gruppi sociali con cui entra in contatto. Utilizza innocentemente la lettera di consigli che il principe Korassoff gli ha dato sull'arte della seduzione.

- Equivoci. Nella storia ci sono molti equivoci (come il duello). Questi contrattempi sono spesso imbarazzanti per Julien e lo allontanano dalla sua logica iniziale.

- Simpatia. Quando arriva a casa del marchese, Julien si aspetta di vedere ancora arroganza e pretenziosità come a casa di Monsieur de Rênal. Pensa di avere a che fare con una classe nemica. Tuttavia, la considerazione del marchese de la Mole provoca una crepa nelle certezze di Julien, che minaccia la sua risoluzione.

- Emozioni. Julien non è un Don Giovanni e, volendo fare il seduttore, rimane intrappolato nella sua stessa trappola. L'orgoglio di possedere qualcosa e di essere ammirato non lo soddisfa veramente, soprattutto con la signora de Rênal. Non riesce a trattenersi dal voler provare la gioia della tenerezza. Alla fine della sua esistenza, scopre il vero senso della vita.

- Sincerità. Julien non è naturalmente bravo a nascondere le cose. È sensibile e (quindi) facilmente offendibile, maldestro, imprudente, distratto ed eccitato. Non è bravo ad incanalare la sua aggressività. Per questo motivo deve ispirarsi alle direttive di Tartuffe. Anche a casa dei Valenod, lascia trasparire le sue emozioni e, in seminario, viene criticato per la sua incapacità di essere subdolo. Il tentato omicidio di Madame de Rênal è un buon esempio dell'impulsività dell'amante. Anche durante il processo, preferisce fare uno sproloquio rivoluzionario piuttosto che un discorso attento che lo avrebbe salvato dalla decapitazione. L'ambizione di Julien non può nascondere ciò che è: non è Rastignac!

UNA SCRITTURA VELOCE E NATURALE

Stendhal scrive velocemente con le parole che gli vengono in mente. In una lettera scritta alla sorella Pauline, spiega che la velocità con cui scrive assicura che il testo sia semplice, fluido e chiaro. Questo stile di scrittura influenza sia il contenuto che la struttura del suo romanzo:

- Fa sembrare il contenuto plausibile. Stendhal vedeva *Il rosso e il nero* come una cronaca in cui gli eventi si susseguono senza soluzione di continuità. Non pianifica in anticipo i dettagli di ogni capitolo e le sviste vengono corrette strada facendo. Per esempio, per spiegare l'improvvisa familiarità di Julien con il marchese, l'autore spiega in seguito: "Il lettore potrebbe essere sorpreso da questo tono libero e quasi amichevole, ma abbiamo dimenticato di dire che, per sei settimane, il marchese era stato confinato a casa sua da un attacco di gotta" (Parte 2, capitolo

7). Costretto a letto, il marchese de le Mole non aveva niente di meglio da fare che conversare con il suo segretario. Paradossalmente, questo approccio conferisce al narratore uno stile naturale; non ci accorgiamo della pianificazione sottostante, quasi troppo ben organizzata, a differenza di quanto accade con Balzac, Zola o Proust.

- Se influisce sulla descrizione del paesaggio: le scene lunghe sono rare in questa storia. Naturalmente Stendhal è consapevole della necessità di rappresentare la realtà materiale dell'epoca, ma *Il rosso e il nero* non è un romanzo storico; il lettore è contemporaneo agli eventi. Questo permette a Stendhal di concentrarsi sull'azione.

- Anche la descrizione dei personaggi è diversa, perché il narratore non li presenta subito, a differenza dei tre scrittori citati in precedenza che descrivono tutte le caratteristiche dei personaggi prima che entrino in scena. Stendhal, che cerca di trovare un ritmo naturale, non può permettersi di interrompere l'azione per nominare e descrivere i personaggi.

- Anche la sintassi ne risente:

  - Punteggiatura: Stendhal interrompe raramente il flusso di una frase. La virgola sostituisce facilmente tutti gli altri segni di punteggiatura: punti, parentesi e persino punti fermi. Elimina anche i segni di pronuncia per i pensieri e i dialoghi (senza usare i trattini). Tuttavia, i due punti sono utilizzati per aiutarci a vivere pienamente ogni scena. Tutto ciò che riusciva a vedere in Madame de Rênal era una donna ricca: "lasciò cadere la mano di lei, sdegnosamente, e se ne andò" (Parte 1, Capitolo 9).

- Connettivi: sulla stessa linea, nel testo vengono utilizzati pochi connettivi. La causalità che lega le due frasi può essere compresa anche senza di essi. Pertanto, non è necessario ricorrere a parole tradizionali come "quindi", "infatti" o anche "per questo".

- Forme verbali: l'autore preferisce i verbi in forma attiva. Elimina i participi presenti e tutto ciò che interrompe il flusso delle parole.

• Infine, questo stile di scrittura provoca una certa disattenzione di cui lo stesso Stendhal si pentirà in seguito. Scrivere velocemente è un bene; scrivere troppo velocemente è rischioso. Nella sua fretta, l'autore sbaglia effettivamente alcuni passaggi.

- Utilizza alcuni luoghi comuni, anche se odia la retorica: "quel sorriso si rivelò fatalmente illuminante" (Parte 1, Capitolo 1), "si sciolse in lacrime" (Parte 1, Capitolo 9), "accecato dall'ira" (Parte 1, Capitolo 21), "la crudele necessità, con la sua mano di ferro, costrinse Julien a piegare la sua volontà" (Parte 1, Capitolo 23), "le gambe gli stavano cedendo sotto i piedi" (Parte 1, Capitolo 25), "una pecora nera" (Parte 1, Capitolo 27), ecc.

- Possiamo anche trovare alcune ripetizioni dovute a disattenzione. Ad esempio, lo stesso brano shakespeariano è utilizzato come epigrafe di due capitoli. Si dice anche che "Julien si sentiva umiliato", poi che sopportava "un silenzio umiliante" (Parte 1, Capitolo 7). Inoltre, in un paragrafo si legge "i suoi occhi guardavano ma non vedevano" e poi "guardava senza vedere" (Parte 1, Capitolo 28). Tuttavia, questi errori non rovinano lo stile naturale, sincero e familiare della scrittura.

ULTERIORI RIFLESSIONI

ALCUNE DOMANDE SU CUI RIFLETTERE...

- Il romanzo è diviso in due parti. In che modo sono diverse e cosa le unisce?

- Quando Julien usa una scala? Confrontate questi episodi.

- Nel capitolo 19 della seconda parte, Stendhal usa un'ellissi invece di spiegare cosa è successo: secondo te, perché lo fa?

- *Il rosso e il nero* contiene pochi riferimenti storici specifici. Perché secondo lei?

- Stendhal mette alcune parole in corsivo o tra virgolette in diverse occasioni. Perché? Sostenete la vostra idea con esempi tratti dal testo.

- Attraverso il tema della trama e la solenne dichiarazione di Julien in tribunale, a quali eventi storici allude Stendhal?

- Se foste stati un giurato, avreste condannato a morte Julien Sorel? Spiegate la vostra posizione.

- Quali sono le analogie tra *Il rosso e il nero* e *La Certosa di Parma,* l'altro grande romanzo di Stendhal (trama, percezione delle donne, caratterizzazione dell'eroe, ecc.)

- Quali analogie si possono trovare tra *Il rosso e il nero* e *Madame Bovary* di Flaubert? Inoltre, in che cosa il romanzo di Stendhal si differenzia da *La principessa di Clèves* di Madame de la Fayette e da *La nuova Heloise* di Rousseau?

ULTERIORI LETTURE

EDIZIONE DI RIFERIMENTO

Stendhal (2004) *Il rosso e il nero*. Trans. Raffel, B. New York: Modern Library Classics.

STUDI DI RIFERIMENTO

Beaumarchais, J.-P. e Couty, D., eds. (2001) *Dictionnaire des grandes œuvres de la littérature française*. Parigi: Larousse-VUEF.

Dantzig, C. (2005) *Dictionnaire égoïste de la littérature française*. Parigi: Grasset.

Claudon, F. (1998) Stendhal. in J.-C. Polet, ed., *Patrimoine littéraire européen. 10. Gestation du romantisme*. Bruxelles: De Boeck Université.

Klein, C. e Lidsky, P. (1971) *Le Rouge et le Noir. Stendhal*. Parigi: Hatier.

Vogliamo sapere da voi!
Lasciate un commento sulla vostra biblioteca online
e condividete i vostri libri preferiti sui social media!

www.50minutes.com

Master ISBN: 9782808689762
ISBN cartaceo: 9782808611169
Deposito legale: D/2023/12603/1396

Copertura: © Primento

Concezione digitale a cura di Primento, il partner digitale degli editori.